CIENCIA ABIERTA
Las mujeres en la medicina

Escrito por Mary Wissinger
Ilustrado por Danielle Pioli

Science, Naturally!
Un sello de Platypus Media, LLC
Washington, D.C.

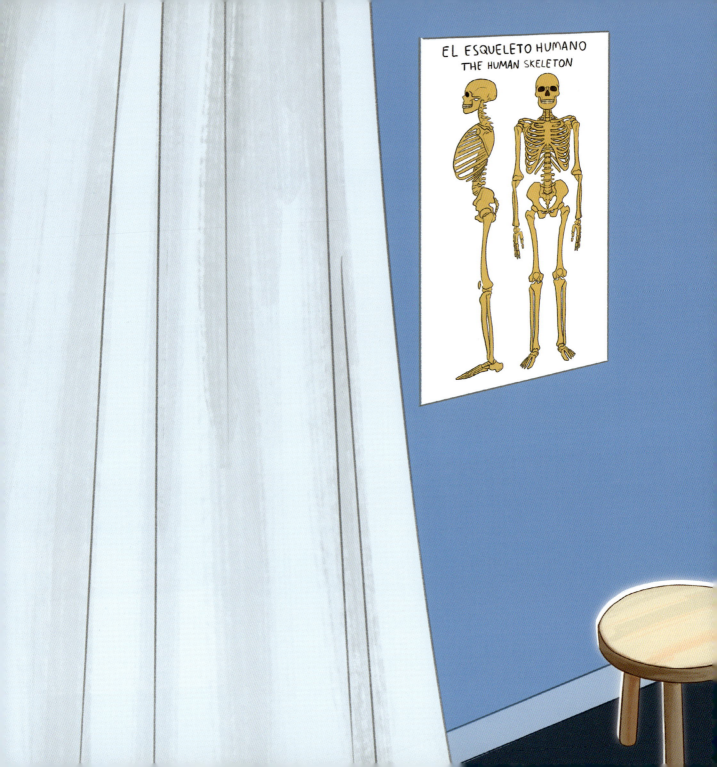

¿Por qué late mi corazón?

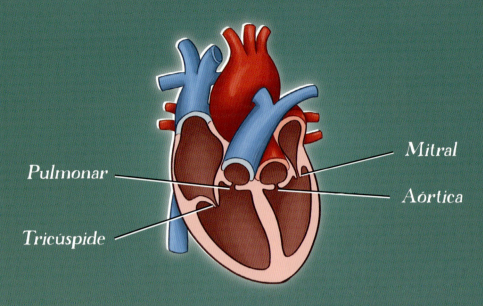

Válvulas del corazón

Ese latido es el maravilloso sonido que hace tu corazón cuando bombea la sangre a través de tu cuerpo. Las válvulas que hay dentro de tu corazón hacen lub dub al abrirse y cerrarse para dejar que la sangre fluya.

La Dra. Helen Taussig determinó que existía una relación entre un corazón sano y un paciente sano. Ella trabajó con niños cuyos corazones no conseguían bombear suficiente sangre a sus pulmones.

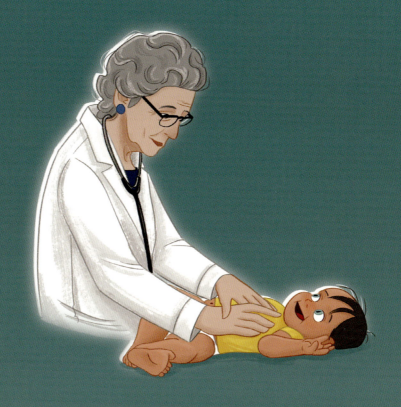

A nadie se le ocurría cómo ayudar a estos niños, pero la Dra. Helen no se dio por vencida. Aun después de quedarse sorda, escuchaba el sonido de *lub dub* con sus manos. Al cabo de un tiempo encontró una forma para resolver el problema: una intervención quirúrgica, llamada derivación, que creaba un nuevo conducto para que la sangre fluyera hacia los pulmones.

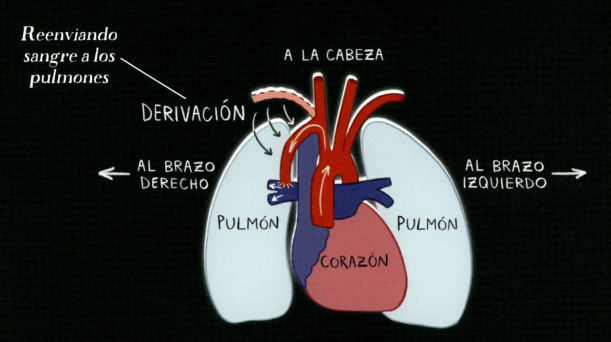

Derivación de Blalock-Thomas-Taussig

Cuando finalmente un cirujano accedió a realizar la atrevida operación propuesta por la Dra. Helen, ¡funcionó!

La derivación de Blalock-Thomas-Taussig aún se realiza hoy en día, generalmente en bebés, los cuales logran crecer gracias al empeño de la Dra. Helen. Su obra revolucionaria la convirtió en la primera doctora de una nueva especialidad creada por ella: cardiología pediátrica.

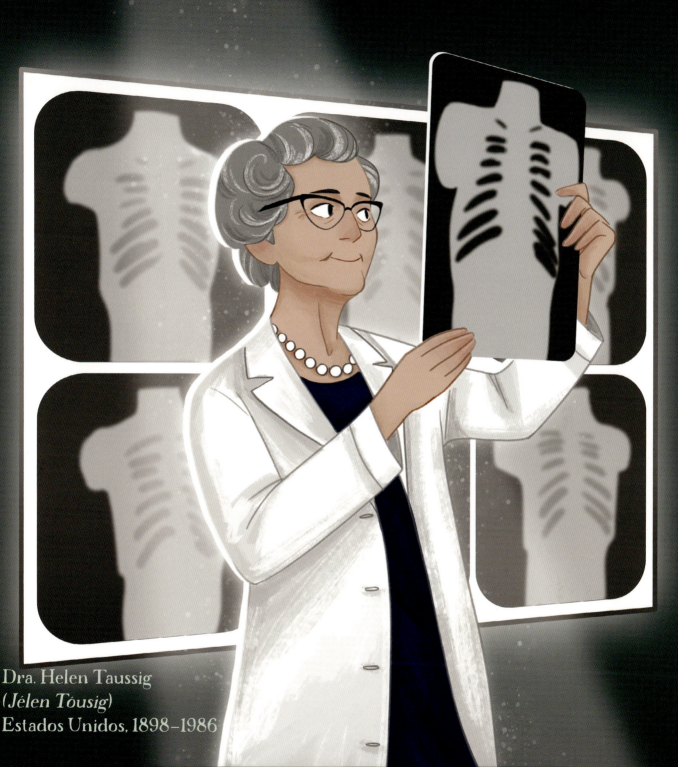

Dra. Helen Taussig
(Jélen Tóusig)
Estados Unidos, 1898–1986

¿Quién inventó la asistencia sanitaria?

Es difícil de decir, porque el personal sanitario ha estado asistiendo a la gente desde siempre. Peseshet estuvo al mando de las mujeres médicos en Egipto hace más de 4000 años. Era un trabajo importante porque, al igual que hoy, la gente confiaba en los médicos por su sabiduría y su experiencia curando enfermedades.

Peseshet y sus doctoras no contaban con las medicinas modernas ni la tecnología que tenemos actualmente, así que tenían que ser muy creativas. Usaban tejidos para vendajes y hacían medicinas con materiales como miel, minerales y plantas. Recomponían huesos partidos, curaban heridas y ayudaban a la gente en todo tipo de cuestiones de salud.

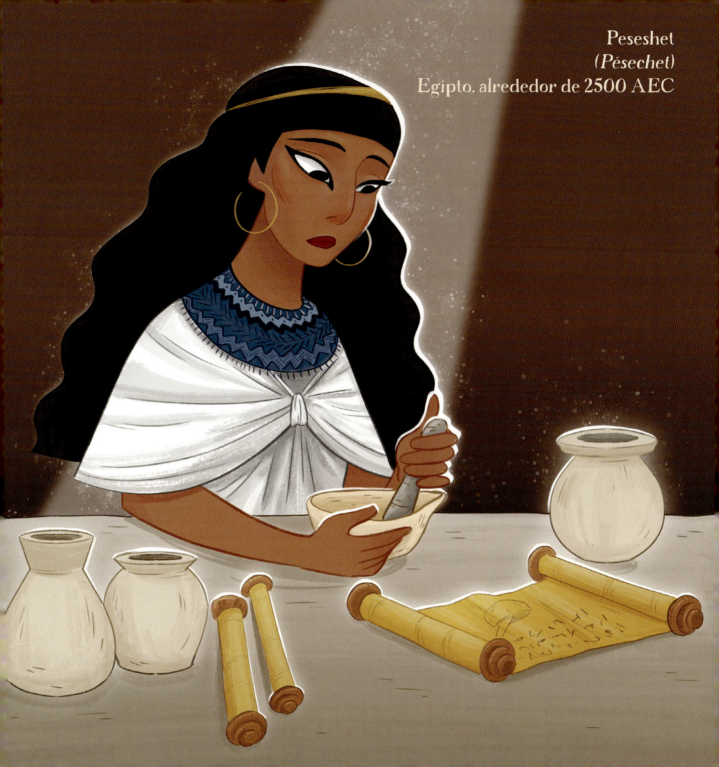

Sin embargo, no son solo los médicos los que se ocupan de la salud. Hay muchos trabajadores sanitarios que influyen en nuestras vidas.

¿Cómo quiénes?

Desde tiempos antiguos las comadronas como Xoquauhtli han cuidado de las mujeres y de sus hijos antes de nacer. Xoquauhtli fue un miembro poderoso de la sociedad azteca. Ella visitaba a las mujeres embarazadas y hacía un seguimiento de su estado de salud. Además, les aconsejaba a las mujeres que comieran alimentos saludables de manera que sus bebés crecieran sanos y fuertes.

Cuando le llegaba a un bebé el momento de nacer, ella usaba medicinas para aliviar los dolores y acelerar el parto. Cuando el bebé nacía, Xoquauhtli cortaba el cordón umbilical y se aseguraba de que el bebé se mantuviese calentito.

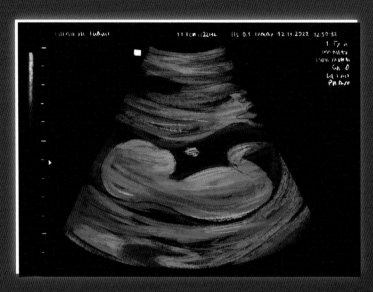

Imagen de ultrasonido de un
feto antes de nacer

Hoy en día las comadrones, enfermeros y otros trabajadores sanitarios siguen haciendo cosas similares. Además, hacen análisis y miran las imágenes del ultrasonido para observar la evolución del feto mientras crece. Tan pronto como un bebé nace se le hace un análisis de sangre del talón.

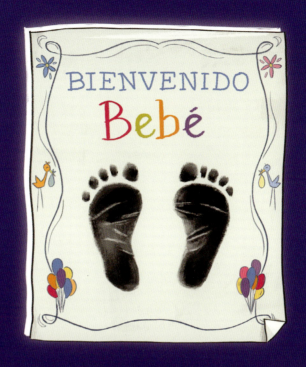

¿Qué es eso?

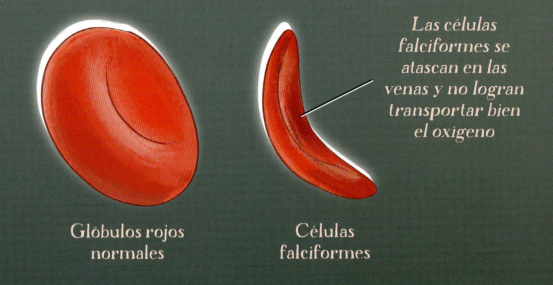

Las células falciformes se atascan en las venas y no logran transportar bien el oxígeno

Glóbulos rojos normales

Células falciformes

El análisis de sangre del talón comprueba si hay afecciones que necesiten tratamiento inmediato, como la anemia de células falciformes. La Dra. Angella Ferguson fue la mujer a la que se le ocurrió esta prueba de diagnóstico.

La anemia de células falciformes cambia la forma de los glóbulos rojos y hace que la persona enferme gravemente. La Dra. Angella se dio cuenta de que había poca información sobre la anemia de células falciformes, especialmente en niños afroamericanos. Investigó esta enfermedad y enseñó a otros médicos a diagnosticarla y tratarla.

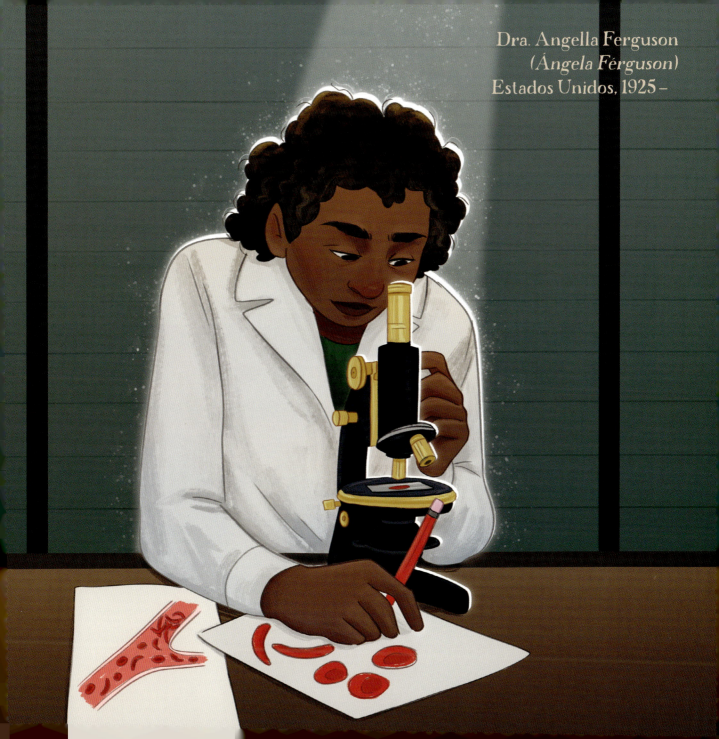

Pero a veces la gente permanecía enferma durante años antes de que la enfermedad que padecía fuese diagnosticada. La Dra. Angella siguió trabajando y creó la primera prueba diagnóstico del mundo para la anemia de células falciformes.

Actualmente la prueba puede hacerse en el momento del nacimiento, lo que permite auxiliar enseguida a los 1000 niños que nacen cada día en el mundo con esta enfermedad. Aunque la enfermedad no es curable, la prueba y el tratamiento de la Dra. Angella contribuyen a que los pacientes con anemia de células falciformes vivan una vida más plena.

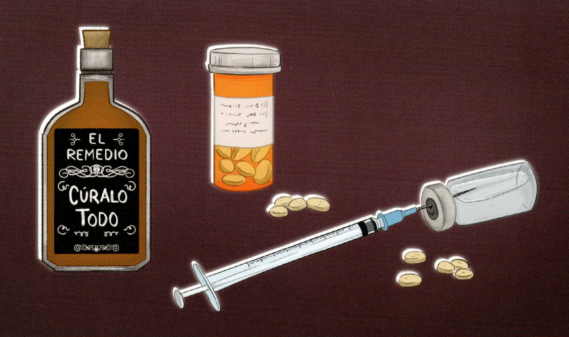

¿Qué significa curable?

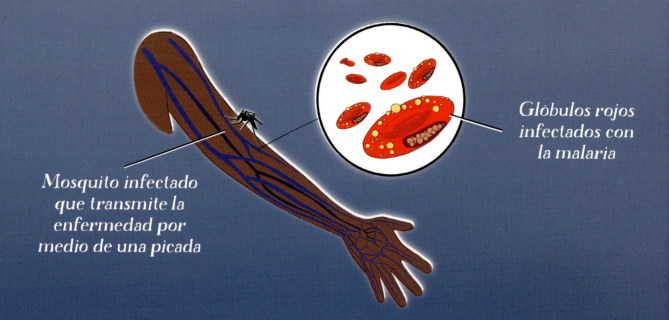

Mosquito infectado que transmite la enfermedad por medio de una picada

Glóbulos rojos infectados con la malaria

Cuando una enfermedad es curable, significa que un tratamiento puede convertir a enfermos en gente saludable. Los investigadores están tratando de hallar la curación para la anemia de células falciformes y de muchas otras enfermedades.

Tu Youyou descubrió la cura de una enfermedad llamada malaria. Ella lideró un equipo que usó la farmacología —el estudio de las medicinas y cómo actúan en nuestro organismo— para desarrollar un nuevo medicamento.

Ajenjo dulce

Inventar una medicina requiere de muchos experimentos. Tu Youyou investigó textos de la antigua medicina china buscando recetas de hierbas que pudieran curar la malaria. Después de muchos años de investigación y experimentos, descubrió la artemisinina, que se extrae de una planta llamada ajenjo dulce o ajenjo chino.

Con mucha inventiva y equipos sencillos, ella y sus colaboradores usaron la artemisinina para crear una medicina contra la malaria. Tu Youyou se ofreció como primer sujeto de prueba. Le fue concedido el Premio Nobel por su aporte al mejoramiento de nuestro mundo. Su medicina ha salvado más de doscientos millones de vidas.

¡Vaya! ¿Qué más han descubierto las mujeres?

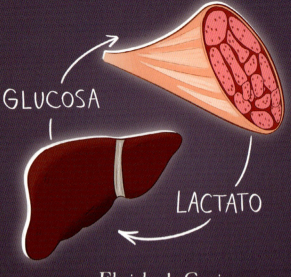

El ciclo de Cori

La Dra. Gerty Cori descubrió el secreto de cómo nuestros cuerpos transforman el azúcar en energía. Ella y su compañero de investigación crearon vías novedosas para estudiar el cuerpo y la sangre.

Después de seis años de meticuloso trabajo, descubrieron cómo nuestros músculos y nuestro hígado trabajan en conjunto para utilizar y almacenar energía. El proceso recibió el nombre de Ciclo de Cori. El maravilloso descubrimiento ayudó enseguida a muchos pacientes, sobre todo a aquellos que padecían diabetes.

Dra. Gerty Cori
(Guerti Cori)
Checoslovaquia y Estados Unidos, 1896–1957

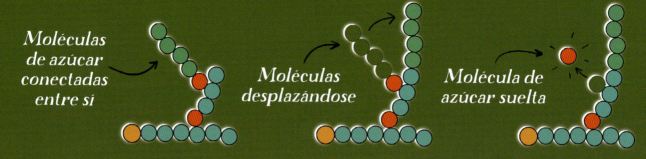

La causa de la enfermedad de Cori

La Dra. Gerty recibió el Premio Nobel por su trabajo revolucionario, pero eso no fue todo. Ella también descubrió la causa de cuatro tipos de enfermedades relacionadas con el almacenamiento de energía. Los azúcares se almacenan en el cuerpo como moléculas llamadas glucógeno. El glucógeno actúa como una especie de reserva de combustible. Cuando nuestro cuerpo no puede almacenar glucógeno, surgen serios problemas de salud. Los descubrimientos de la Dra. Gerty han permitido realizar diagnósticos y tratamientos que han logrado salvar muchas vidas.

En el laboratorio de la Dra. Gerty fueron a trabajar científicos para aprender de ella. Muchos de ellos hicieron después importantes descubrimientos. Seis de ellos recibieron el Premio Nobel.

¿Cómo puede una sola persona ser tan influyente?

Algunos de los más relevantes avances en la medicina han tenido lugar porque alguien fue capaz de fijarse bien en las cosas.

Cuando Florence Nightingale comenzó su carrera como enfermera, se dio cuenta de que la falta de higiene en los hospitales parecía empeorar el estado de los pacientes. Empezó a tomar medidas sencillas como proporcionar agua limpia y comida saludable. Abrió las ventanas para que entrara la luz del sol y el aire fresco. Los pacientes comenzaron a sanar con más rapidez.

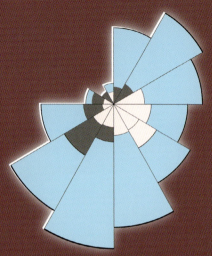

Gráfico Coxcomb para registrar los datos de los pacientes diseñado por Florence

Florence recopiló información que le permitió llamar la atención sobre problemas en la asistencia sanitaria. Con su trabajo creó nuevas normas de limpieza e higiene en hospitales y consultas médicas, y mejoró la vida de muchas personas. Florence se concentró en ayudar a personas como ella y que compartieran sus convicciones.

Incluso en la actualidad los pacientes no siempre son tratados igualmente. Actualmente el personal sanitario se esfuerza para que cada paciente reciba la mejor asistencia posible. Teniendo en cuenta los problemas del pasado y del presente, podemos construir un futuro mejor para todos.

¡Yo también quiero ayudar!
¿Qué puedo hacer?

Cuidar de otros es un viaje que puede adoptar muchas formas. Uno de los primeros pasos es aprender a cuidar de uno mismo para tener la energía y la habilidad para cuidar a otros. Los trabajadores de la asistencia sanitaria también investigan preguntando a los pacientes y observando cómo se sienten.

Tu viaje puede conducirte a lugares que nunca habrías soñado: a nuevos descubrimientos, a formas de sanar enfermedades o incluso a carreras que aún no han sido inventadas.

Puede empezar incluso con pequeñas acciones y recordando que todos estamos interrelacionados. La curiosidad y el deseo de ayudar pueden cambiar el mundo.

Glosario

ANÁLISIS DE SANGRE DEL TALÓN: Prueba para bebés recién nacidos que consiste en pinchar el talón para tomar una pequeña muestra de sangre. La muestra se toma para afecciones que requieren un tratamiento inmediato, como la anemia de células falciformes. La prueba también se nombra cribado neonatal o prueba de cribado.

ANEMIA DE CÉLULAS FALCIFORMES: Enfermedad que cambia la forma de los glóbulos rojos y puede causar un déficit de glóbulos rojos.

ASISTENCIA SANITARIA: Cualquier empleo o servicio cuyo objetivo sea el bienestar de la gente.

CARDIOLOGÍA PEDIÁTRICA: Campo de la medicina especializado en diagnosticar y tratar problemas del corazón en niños.

CICLO DE CORI: Proceso de los músculos y el hígado trabajando en conjunto para utilizar y almacenar energía.

COMADRONA: Profesional entrenada en asistir a mujeres durante el embarazo y el nacimiento de un niño.

CORDÓN UMBILICAL: Conducto natural que permite a un bebé en gestación recibir nutrientes del cuerpo de la madre. El cordón debe ser cortado después del nacimiento y el lugar por el que estaba conectado se convierte en el ombligo del bebé.

CURA: Tratamiento médico que hace de una persona enferma, una sana, por medio de medicinas, cirugía y terapia física, entre otras cosas.

DIABETES: Estado en el cual el cuerpo no produce insulina suficiente, no produce ninguna insulina o lucha por obtener insulina. Estas anomalías cambian el modo en que el cuerpo transforma el azúcar del alimento en energía.

DIAGNOSTICAR: Encontrar y categorizar la razón por la cual una persona se siente mal.

FETO: El embrión de un ser humano u otro mamífero en etapas avanzadas del desarrollo.

GLUCÓGENO: Forma en que el cuerpo almacena la glucosa, principalmente en el hígado o los músculos.

GLUCOSA: Azúcar natural, fuente de energía para los seres vivos.

INSULINA: Hormona que regula la cantidad de glucosa en la sangre.

LACTATO: Sustancia producida por los músculos del cuerpo al convertir el azúcar en energía.

LATIDO DEL CORAZÓN: Sonido de las válvulas del corazón al abrirse y cerrarse.

MALARIA: Enfermedad que afecta las células de la sangre, debido a la picadura de un mosquito infectado.

MEDICINA: Campo de las ciencias que tiene que ver con la prevención o cura de una enfermedad. Esta palabra también describe cualquier sustancia que ayuda a una persona a sentirse mejor.

OPERACIÓN DE DERIVACIÓN DE BLALOCK-THOMAS-TAUSSIG: Procedimiento quirúrgico para incrementar el flujo de sangre hacia los pulmones eludiendo la arteria pulmonar cuando esta está atascada (estenosis pulmonar).

ULTRASONIDO: Uso de ondas sonoras para obtener imágenes del interior del cuerpo.

VÁLVULA DEL CORAZÓN: Estructura del corazón que se abre y se cierra para que la sangre fluya en una sola dirección.

Ciencia abierta: Las mujeres en la medicina
Copyright © 2023 Genius Games, LLC
Original series concept by John J. Coveyou

Written by Mary Wissinger
Illustrated by Danielle Pioli
Translated by Eida de la Vega
Spanish-language editing by Andrea Batista

Published by Science, Naturally!
Spanish paperback first edition • September 2022 • ISBN: 978-1-938492-96-9
Spanish eBook first edition • September 2022 • ISBN: 978-1-938492-99-0

Also available in English:
English hardback first edition • September 2022 • ISBN: 978-1-938492-55-6
English paperback first edition • September 2022 • ISBN: 978-1-938492-56-3
English eBook first edition • September 2022 • ISBN: 978-1-938492-57-0

Enjoy all the titles in the series:
    Women in Biology • Las mujeres en la biología
    Women in Chemistry • Las mujeres en la química
    Women in Physics • Las mujeres en la física
    Women in Engineering • Las mujeres en la ingeniería
    Women in Medicine • Las mujeres en la medicina
    Women in Botany • Las mujeres en la botánica

Teacher's Guide available at the Educational Resources page of ScienceNaturally.com.

Published in the United States by:
    Science, Naturally!
        An imprint of Platypus Media, LLC
    750 First Street NE, Suite 700 • Washington, D.C. 20002
    202-465-4798 • Fax: 202-558-2132
    Info@ScienceNaturally.com • ScienceNaturally.com

Distributed to the trade by:
    National Book Network (North America)
        301-459-3366 • Toll-free: 800-462-6420
        CustomerCare@NBNbooks.com • NBNbooks.com
    NBN international (worldwide)
        NBNi.Cservs@IngramContent.com • Distribution.NBNi.co.uk

Library of Congress Control Number: 2022947409

10 9 8 7 6 5 4 3 2 1

The front cover may be reproduced freely, without modification, for review or non-commercial, educational purposes.

All rights reserved. No part of this publication may be reproduced or transmitted in any form or by any means, electronic or mechanical, including photography, recording, or any information storage and retrieval system, without permission in writing from the publisher. Front cover exempted (see above).

Printed in China.